四川省工程建设地方标准

四川省工程建设从业企业
资源信息数据标准

DBJ51/T 030－2014

Standard for Basic Data of Enterprise of Engineering
Construction Field of Sichuan Province

主编单位： 四 川 省 建 设 科 技 发 展 中 心
批准部门： 四 川 省 住 房 和 城 乡 建 设 厅
施行日期： 2 0 1 4 年 1 2 月 1 日

西南交通大学出版社

2014 成 都

图书在版编目（ＣＩＰ）数据

四川省工程建设从业企业资源信息数据标准 / 四川
省建设科技发展中心主编. —成都：西南交通大学出版
社，2015.1
ISBN 978-7-5643-3537-3

Ⅰ. ①四… Ⅱ. ①四… Ⅲ. ①建筑企业 – 信息资源 –
数据 – 标准 – 四川省 Ⅳ. ①F426.9-65

中国版本图书馆 CIP 数据核字（2014）第 262735 号

四川省工程建设从业企业
资源信息数据标准

主编单位　四川省建设科技发展中心

责 任 编 辑	曾荣兵
助 理 编 辑	姜锡伟
封 面 设 计	原谋书装
出 版 发 行	西南交通大学出版社 （四川省成都市金牛区交大路 146 号）
发 行 部 电 话	028-87600564　028-87600533
邮 政 编 码	610031
网　　　址	http://www.xnjdcbs.com
印　　　刷	成都蜀通印务有限责任公司
成 品 尺 寸	140 mm × 203 mm
印　　　张	2
字　　　数	46 千字
版　　　次	2015 年 1 月第 1 版
印　　　次	2015 年 1 月第 1 次
书　　　号	ISBN 978-7-5643-3537-3
定　　　价	24.00 元

关于发布四川省工程建设地方标准
《四川省工程建设从业企业资源信息数据标准》
的通知

川建标发〔2014〕467 号

各市州及扩权试点县住房城乡建设行政主管部门，各有关单位：

由四川省建设科技发展中心主编的《四川省工程建设从业企业资源信息数据标准》，已经我厅组织专家审查通过，现批准为四川省推荐性工程建设地方标准，编号为：DBJ51/T 030 - 2014，自 2014 年 12 月 1 日起在全省实施。

该标准由四川省住房和城乡建设厅负责管理，四川省建设科技发展中心负责技术内容解释。

四川省住房和城乡建设厅
2014 年 9 月 9 日

前　言

根据四川省住房和城乡建设厅《关于下达四川省地方标准<四川省建筑市场监管平台数据库数据标准>编制计划的通知》（川建标发〔2011〕303号）要求，标准编制组进行了深入的调查研究，充分应用省内外住房城乡建设信息化科研成果和实践经验，广泛征求了意见。为便于按不同的业务类型使用标准，标准编制组建议将《四川省建筑市场监管平台数据库数据标准》分为《四川省工程建设从业企业资源信息数据标准》《四川省工程建设从业人员资源信息数据标准》《四川省房屋建筑与市政基础设施建设项目管理基础数据标准》，并经审查委员会审查同意。

本标准共分为6章和2个附录，主要内容是：总则、术语、数据元组成、数据元分类、数据元描述和数据元集等。

本标准由四川省住房和城乡建设厅负责管理，四川省建设科技发展中心负责具体技术内容解释。本标准在执行过程中，请各单位结合工程实践，注意总结经验，积累资料，随时将有关意见和建议反馈给四川省建设科技发展中心（成都市人民南路四段36号，邮编：610041，联系电话：028-85521239，邮箱：ranxj@163.com），以供今后修订时参考。

本标准主编单位：四川省建设科技发展中心
本标准参编单位：四川省金科成地理信息技术有限公司
　　　　　　　　成都金阵列科技发展有限公司
本标准主要起草人：薛学轩　游　炯　李　斌　冉先进
　　　　　　　　　魏军林　王文才　杨　勇　汪小泰
　　　　　　　　　曾天绍　任墨海　韩晓东　温　敏
本标准主要审查人：向　学　邓绍杰　徐　慧　罗进元
　　　　　　　　　孔　燕　冯　江　崔红宇　金　石
　　　　　　　　　张春雷

目　次

Contents

Contents

1 总　则

1.0.1　为了实现四川省工程建设从业企业资源信息数据的标准化和规范化，便于四川省工程建设从业企业资源信息交换和资源共享，制定本标准。

1.0.2　本标准适用于四川省工程建设从业企业管理过程中的资源信息数据标识、分类、编码、存储、检索、交换、共享和集成等数据处理工作。

1.0.3　从业企业包括川内企业和入川企业。

1.0.4　数据元的注册应符合现行国家标准《信息技术数据元的规范和标准化》GB/T 18391 的规定。

1.0.5　本标准与国家法律、行政法规的规定相抵触时，应按国家法律、行政法规的规定执行。

2 术 语

2.0.1 工程建设单位 project unit

包括施工企业、勘察单位、设计单位、工程监理、设计施工一体化、入川企业、招标代理、房地产开发、园林绿化、审图机构、检测机构、物业服务、房地产估价、规划编制、造价咨询、项目管理、担保机构十七类。

2.0.2 企业资源信息数据 resource information data of enterprise

企业管理过程中需要存储、交换和共享的企业属性信息。

2.0.3 数据元 data element

用一组属性描述定义、标识、表示和允许值的数据表单。

2.0.4 标识符 identifier

分配给数据元唯一的标识符。

2.0.5 中文名 chinese name

数据元的中文名称。

2.0.6 类型 type

由数据元操作决定的用于采集字母、数字和符号的格式，以描述数据元的值。

2.0.7 值域 value domain

允许值的集合。

2.0.8 描述 description

对字段特殊规定的解释。

3 基本规定

3.0.1 数据元由标识符、中文名、类型、值域、描述等组成。

3.0.2 数据元的标识符、中文名应保持唯一性。

4 数据元分类

4.0.1 数据元的分类应以四川省工程建设从业企业管理业务现状及发展需求为基础，且应以国家现行有关标准为依据。

4.0.2 四川省工程建设从业企业的数据元标示位为"1"。

4.0.3 数据元分类代码及分类名称应符合表 4.0.3 的规定。

表 4.0.3 数据元分类代码及分类名称

分类代码	分类名称	分类代码	分类名称
01	企业基本信息	06	企业信用信息
02	企业证书信息	07	企业工程业绩信息
03	企业资质信息	08	企业主要设备信息
04	企业人员信息	09	企业科研成果
05	企业出资人、股东信息	99	其他

5 数据元描述

5.0.1 数据元的标识符应以数据元分类代码和数据元在该分类内的编号组成（图 5.0.1）。编号由 4 位自然数组成，从 0001 开始按顺序由小到大连续编号。

图 5.0.1 数据元标识符组成方式

5.0.2 数据类型应为字符型、数字型、日期型、日期时间型、数值型、布尔型、文本型、浮点型八种类型之一。各数据类型的可能取值应符合表 5.0.2 的规定。

表 5.0.2 数据类型的可能取值

数据类型	可能取值
字符型	通过字符形式表达的值
数字型	通过从"0"到"9"的数字形式表达的值
日期型	通过 YYYY-MM-DD 的形式表达的值的类型
日期时间型	通过 YYYY-MM-DD hh:mm:ss 的形式表达的值的类型
数值型	指字段是数字型，长度为 a，小数为 b 位
布尔型	两个且只有两个表明条件值 True/False
文本型	包括文本类型二进制的具体格式
浮点型	当计算的表达式有精度要求时被使用

5.0.3 数据元值的表示格式及含义应符合表 5.0.3 的规定。

表 5.0.3 数据元值的表示格式及含义

数据类型	表示格式	含 义
字符型	Varchar（a）	a 表示该数据元允许的最大规格或者长度
数字型	Int	表示确定 a 个长度的整型数字
日期型	Data	表示年-月-日的格式
日期时间型	DataTime	表示年-月-日 时：分：秒的格式
数值型	Decimal（a,b）	带小数的数值型，长度为 a，小数为 b 位
布尔型	Boolean	用 True/False 表示真/假、是/否、正/负、男/女等——对应的两组数据
文本型	Text	表示 txt 文本的具体格式
浮点型	Float	用浮点数字，也就是实数（real）来表达的值的类型，当计算的表达式有精度要求时被使用。m 表示精确位数

5.0.4 数据元值域的给出宜符合以下规定：

1 由国家现行有关标准规定的值域注册机构给出；

2 当值域注册机构没有给出时，宜通过国家现行有关标准规定的规则间接给出。

5.0.5 数据元版本标识符的编写格式以及版本控制宜遵循以下原则：

1 数据元的版本是由阿拉伯数字字符和小数点字符组成的字符串。

2 数据元的版本至少包含两个阿拉伯数字字符和一个小数点字符，且宜用小数点字符前的自然数表示主版本号、用小数点字符后的自然数表示次版本号。

3 当数据元的某些属性发生变化时，该数据元的版本标识符应相应改变。

4 数据元的版本标识符改变规则宜按现行国家标准《电子政务数据元》GB/T 19488 的有关规定执行。

5.0.6 本标准所列的数据元版本标识符为"1.0"。

6 数据元集

6.1 一般规定

6.1.1 本标准表格中引用的值域应从附录 A 属性值字典表对应的表中查询。

6.1.2 在使用本标准时,应按附录 B 数据交换接口共享数据。

6.2 企业基本信息

6.2.1 企业基本信息应包括四川省工程建设从业企业管理过程中需要在企业间或与行业主管部门之间交换和共享的基本信息数据元。

6.2.2 企业基本信息数据元应包含表 6.2.2 中的内容。

表 6.2.2 企业基本信息

标识符	中 文 名	类 型	值 域	描 述
1010001	企业编号	Varchar(36)		PK
1010002	企业类型编码	Int	A.1	
1010003	企业类型名称	Varchar(50)		
1010004	企业名称	Varchar(100)		
1010005	组织机构代码	Varchar(20)	GB 11714—1997 全国组织机构代码编制规则	

续表 6.2.2

标识符	中 文 名	类 型	值 域	描 述
1010006	企业属地编码	Varchar(6)	GB/T2260—2007 中华人民共和国行政区划代码	
1010007	企业属地名称	Varchar(50)		
1010008	主管部门	Varchar(100)		
1010009	企业注册地址	Varcha(200)		
1010010	注册地址邮政编码	Varchar(6)		
1010011	企业联系地址	Varchar(200)		
1010012	联系地址邮政编码	Varchar(6)		
1010013	隶属关系编码	Int	A.2	
1010014	隶属关系名称	Varchar(50)		
1010015	企业成立日期	Date		YYYY-MM-DD
1010016	经济性质编码	Int	A.3	
1010017	经济性质名称	Varchar(50)		
1010018	营业执照注册号	Varchar(50)		
1010019	营业执照发证机关	Varchar(50)		
1010020	注册资金	Numerice(18,6)		
1010021	货币类型编码	Int	GB/T 12406—2008 表示货币和资金的代码	
1010022	货币类型名称	Varchar(20)		
1010023	开户银行	Varchar(100)		
1010024	开户银行帐号	Varchar(50)		
1010025	企业网址	Varchar(50)		

标识符	中 文 名	类 型	值 域	描 述
1010026	电子邮件	Varchar(30)		
1010027	传真号码	Varchar(30)		
1010028	联系人	Varchar(50)		
1010029	联系电话	Varchar(30)		
1010030	法定代表人	Varchar(30)		
1010031	法定代表人手机号	Varchar(30)		
1010032	从业人员年末人数	Int		
1010033	技术经济人员总数	Int		
1010034	有职称人员数	Int		
1010035	高级职称人数	Int		
1010036	中级职称人数	Int		
1010037	初级职称人数	Int		
1010038	注册人员总数	Int		
1010039	固定资产	Numerice(18,6)		万元
1010040	固定资产年折旧额	Numerice(18,6)		万元
1010040	流动资产	Numerice(18,6)		万元
1010041	负债总额	Numerice(18,6)		万元
1010042	净资产	Numerice(18,6)		万元
1010043	企业总收入	Numerice(18,6)		万元
1010044	工程结算成本	Numerice(18,6)		万元
1010045	管理费用	Numerice(18,6)		万元
1010046	利税总额	Numerice(18,6)		万元
1010047	所得税	Numerice(18,6)		万元

标识符	中　文　名	类　型	值　域	描　述
1010048	生产税净额	Numerice(18,6)		万元
1010049	利润总额	Numerice(18,6)		万元
1010050	净利润	Numerice(18,6)		万元
1010051	净资产收益率	Float		%
1010052	资本保值增值率	Float		%
1010053	营业利润	Numerice(18,6)		万元
1010054	资产负债率	Float		%
1010055	建筑业总产值	Numerice(18,6)		万元
1010056	建筑业增加值	Numerice(18,6)		万元
1010057	劳动者报酬	Numerice(18,6)		万元
1010058	机械设备总台数	Int		
1010059	机械设备总功率	Float		千瓦

6.2.3 企业简历信息数据元应包含表 6.2.3 中的内容。

表 6.2.3　企业简历信息

标识符	中　文　名	类　型	值　域	描　述
1020001	企业编号	Varchar(36)		PK
1020002	企业名称	Varchar(100)		
1020003	企业简介	Text		
1020004	企业章程	Text		
1020005	企业组织结构图附件 URL	Varchar(500)		

6.3 企业证书信息

6.3.1 企业证书信息应包括施工企业、勘察单位、设计单位、工程监理、设计施工一体化、入川企业、招标代理、房地产开发、园林绿化、审图机构、检测机构、物业服务、房地产估价、规划编制、造价咨询、项目管理、担保机构十七类企业所取得的证书信息。

6.3.2 企业证书信息数据元应包含表 6.3.2 中的内容。

表 6.3.2 企业证书信息

标 识 符	中 文 名	类 型	值 域	描 述
1030001	证书编码	Varchar(36)		PK
1030002	企业编号	Varchar(50)		
1030002	企业名称	Varchar(100)		
1030003	证书类型编码	Int	A.5	
1030005	证书编号	Varchar(80)		
1030006	证书颁发机构	Varchar（20）		
1030007	证书首次颁发日期	Date		YYYY-MM-DD
1030008	有效开始日期	Date		YYYY-MM-DD
1030009	有效结束日期	Date		YYYY-MM-DD
1030010	正本数量	Int		
1030011	副本数量	Int		
1030012	颁发日期	Date		YYYY-MM-DD
1030013	备注	Varchar(500)		

6.4 企业资质信息

6.4.1 企业资质信息应包括施工企业、勘察单位、设计单位、工程监理、设计施工一体化、入川企业、招标代理、房地产开发、园林绿化、审图机构、检测机构、物业服务、房地产估价、规划编制、造价咨询、项目管理、担保机构十七类企业所的资质信息。

6.4.2 企业资质信息数据元应包含表 6.4.2 中的内容。

表 6.4.2　企业资质信息

标识符	中 文 名	类 型	值 域	描 述
1040001	资质编码	Varchar(36)		PK
1040002	企业编号	Varchar(36)		
1040003	企业名称	Varchar(100)		
1040004	证书编号	Varchar(80)		
1040005	资质类别	Varchar(50)		
1040006	资质项	Varchar(200)		
1040007	资质等级	Varchar(20)		
1040008	批准日期	Date		YYYY-MM-DD
1040009	批准机关	Varchar(200)		
1040010	业务范围	Text		
1040011	是否暂定	Boolean		True：是
				False：否
1040012	是否主项	Boolean		True：是
				False：否
1040013	备注	Text		

6.5 企业人员信息

6.5.1 企业人员应包括施工企业、勘察单位、设计单位、工程监理、设计施工一体化、入川企业、招标代理、房地产开发、园林绿化、审图机构、检测机构、物业服务、房地产估价、规划编制、造价咨询、项目管理、担保机构十七类企业的董事长、总经理、副总经理、总监、副总监、技术负责人、项目负责人、质量负责人、安全负责人、注册人员、有职称人员、技术工人等。

6.5.2 企业人员信息数据元应包含表 6.5.2 中的内容。

表 6.5.2　企业管理人员信息

标识符	中　文　名	类　型	值　域	描　述
1050001	企业编号	Varchar(36)		
1050002	企业名称	Varchar(100)		
1050003	人员编号	Varchar(36)		PK
1060004	人员类别编码	Int	A.4	
1050005	人员类别名称	Varchar(30)		
1050006	姓名	Varchar(50)		
1050007	性别	Int	GB/T2261.1—2003 个人基本信息分类与代码　第1部分：人的性别代码	
1050008	出生日期	Date		YYYY-MM-DD
1050009	证件类型编码	Int	A.6	
1050010	证件类型名称	Varchar(30)		
1050011	证件编号	Varchar(30)		

标识符	中 文 名	类 型	值 域	描 述
1050012	职务	Varchar(50)		
1050013	职称编码	Int	A.7	
1050014	职称	Varchar(50)		
1050015	职称证颁发日期	Date		YYYY-MM-DD
1050016	职称证颁发机构	Varchar(50)		
1050017	办公电话	Varchar(30)		
1050018	个人电话	Varchar(30)		
1050019	联系地址	Varchar(200)		
1050020	邮政编码	Varchar(20)		
1050021	电子邮箱	Varchar(100)		
1050022	学历编码	Int	GB/T 4658—2006 学历代码	
1050023	最高学历	Varchar(30)		
1050024	所学专业	Varchar(30)		
1050025	毕业日期	Date		YYYY-MM-DD
1050026	毕业学校	Varchar(50)		
1050027	现从事专业	Varchar(30)		
1050028	从业状况	Int	1\2	1：兼职 2：专职
1050029 1050030	是否购买社保	Boolean	True/False	True：购买 False：未购买
1050031	社保号	Varchar(30)		
1050032	管理资历	Varchar(30)		
1050033	照片 URL	Varchar(200)		
1050034	备注	Text		

6.6 企业出资人、股东信息

6.6.1 企业出资人、股东信息应包括出资方类型、出资方名称、出资额、出资比率等方面需要交换和共享的基本信息数据元。

6.6.2 企业出资人、股东信息数据元应包含表 6.6.2 中的内容。

表 6.6.2 企业出资人、股东信息

标识符	中文名	类型	值域	描述
1060001	企业编号	Varchar(36)		PK
1060002	企业名称	Varchar(100)		
1060003	出资方类型编码	Int	A.8	
1060004	出资方类型名称	Varchar(20)		
1060005	出资方名称	Varchar(100)		
1060006	出资额	Numerice(18,6)		万元
1060007	货币类型编码	Int	GB/T 12406—2008 表示货币和资金的代码	
1060008	货币类型名称	Varchar(20)		
1060009	出资比率	Float		%
1060010	姓名	Varchar(50)		
1060011	性别	Int	GB/T2261.1—2003 个人基本信息分类与代码 第 1 部分：人的性别代码	男\女
1060012	证件类型编码	Int	A.6	
1060013	证件类型名称	Varchar(30)		
1060014	证件编号	Varchar(30)		
1060015	出生日期	Date		YYYY-MM-DD

6.7 企业信用信息

6.7.1 企业信用信息包括企业良好行为信息、企业不良行为信息和企业信用评价信息。

6.7.2 企业良好行为信息数据元应包含表 6.7.2 中的内容。

表 6.7.2 企业良好行为信息

标识符	中 文 名	类 型	值 域	描 述
1070001	企业编号	Varchar(36)		PK
1070002	企业名称	Varchar(100)		
1070003	项目名称	Varchar (200)		
1070004	项目编码	Varchar(60)		
1070005	良好行为名称	Varchar(100)		
1070006	文书编号	Varchar(200)		
1070007	文书名称	Varchar(200)		
1070008	奖项类别	Varchar(50)	A.9	
1070009	获奖日期	Date		YYYY-MM-DD
1070010	荣誉内容	Text		
1070011	加分值	Int		
1070012	总分值	Int		
1070013	颁奖单位	Varchar (30)		
1070014	获奖介绍	Varchar (200)		
1070015	分数	Float		
1070016	备注	Text		

6.7.3 企业不良行为信息数据元应包含表 6.7.3 中的内容。

表 6.7.3　企业不良行为信息

标识符	中 文 名	类 型	值 域	描 述
1080001	企业编号	Varchar(36)		PK
1080002	企业名称	Varchar(100)		
1080003	项目编码	Varchar(60)		
1080004	项目名称	Varchar(200)		
1080005	文号	Varchar(50)		
1080006	文件标题	Varchar(50)		
1080007	不良行为发生日期	Date		YYYY-MM-DD
1080008	处罚事实	Varchar(1000)		
1080009	处罚依据	Varchar(1000)		
1080010	处罚结论	Varchar(1000)		
1080011	处罚机构	Varchar(100)		
1080012	扣分值	Float		
1080013	生效日期	Date		YYYY-MM-DD
1080014	终止日期	Date		YYYY-MM-DD
1080015	备注	Text		

6.7.4 企业信用评价信息数据元应包含表 6.7.4 中的内容。

表 6.7.4 信用评价信息

标识符	中 文 名	类 型	值 域	描 述
1090001	企业编号	Varchar(36)		PK
1090002	企业名称	Varchar(100)		
1090003	评定年度	Varchar（10）		
1090004	信用分值	Float		
1090005	信用等级	Varchar(20)		
1090006	信用评价结果	Varchar(500)		
1090007	评价机构	Varchar(100)		
1090008	评价日期	Date		YYYY-MM-DD
1090009	备注	Text		

6.8 企业工程业绩信息

6.8.1 企业工程业绩信息是指企业已竣工工程信息。应包括企业名称、工程名称、建设单位、工程简介、竣工日期、施工单位、监理单位和勘察设计单位等方面需要交换和共享的基本信息数据元。

6.8.2 企业工程业绩信息数据元应包含表 6.8.2 中的内容。

表 6.8.2 企业工程业绩信息

标识符	中 文 名	类 型	值 域	描 述
1100001	企业编号	Varchar(36)	1010001	PK
1100002	企业名称	Varchar(100)		
1100003	项目编码	Varchar(60)		

标识符	中 文 名	类 型	值 域	描 述
1100004	项目名称	Varchar(200)		
1100005	建设单位	Varchar(100)		
1100006	建设地址	Varchar(200)		
1100007	币种	Int	GB/T 12406—2008 表示货币和资金的代码	
1100008	合同价	Numerice(18,6)		万元
1100009	结算价格	Numerice(18,6)		万元
1100010	项目规模	Varchar(100)		
1100011	项目负责人	Varchar(30)		
1100012	技术指标	Text		
1100013	项目简介	Text		
1100014	项目类别	Varchar(50)	A.10	
1100015	项目承包方式	Varchar(50)	A.11	
1100016	开工日期	Date		YYYY-MM-DD
1100017	竣工日期	Date		YYYY-MM-DD
1100018	计划工期	Int		天(日历天)
1100019	实际工期	Int		天(日历天)
1100020	质量评定	Varchar(500)		
1100021	安全评价	Varchar(500)		
1100022	获奖情况	Varchar(100)		
1100023	处罚情况	Varchar(100)		
1100024	施工单位	Varchar(100)		

标识符	中 文 名	类 型	值 域	描 述
1100025	勘察单位	Varchar(100)		
1100026	设计单位	Varchar(100)		
1100027	监理单位	Varchar(100)		
1100028	代理机构	Varchar(100)		
1100029	项目中的工作	Text		
1100030	备注	Text		

6.9 企业主要设备信息

6.9.1 企业主要设备信息应包括企业名称、设备名称、设备型号、设备类别以及设备的主要性能指标等方面需要交换和共享的基本信息数据元。

6.9.2 企业主要设备信息数据元应包含表 6.9.2 中的内容。

表 6.9.2 企业主要设备信息

标识符	中文名	类型	值域	描述
1110001	企业编号	Varchar(36)	1010001	PK
1110002	企业名称	Varchar(100)		
1110003	设备名称	Varchar(50)		
1110004	设备型号	Varchar(150)		
1110005	设备类别	Varchar(50)		
1110006	主要性能指标	Varchar(500)		
1110007	设备总功率	Float		kW

标识符	中文名	类型	值域	描述
1110008	设备数量	Int		
1110009	设备原值	Numerice(18,6)		万元
1110010	设备净值	Numerice(18,6)		万元
1110012	状态	Varchar(50)		
1110013	备注	Text		

6.10 企业科研成果

6.10.1 科研成果应包括科研发明成果名称、类别、申报日期、批准日期等方面需要交换和共享的数据元。

6.10.2 科研成果数据元应包含表 6.10.2 中的内容。

表 6.10.2 科研成果

标识符	中文名	类型	值域	描述
1120001	成果编码	Varchar(36)		PK
1120002	企业名称	Varchar(100)		
1120003	企业编码	Varchar(36)	1010001	
1120004	科研成果名称	Varchar(200)		
1120005	成果类别	Varchar(50)		
1120006	简要说明	Text		
1120007	申报日期	Date		YYYY-MM-DD
1120008	批准日期	Date		YYYY-MM-DD
1120009	批准单位	Varchar(100)		
1120010	备注	Text		

附录 A 属性值字典表

A.0.1 企业类型

表 A.0.1 企业类型

代码	企业类型	代码	企业类型
101	建筑业	108	设计施工一体化
102	工程勘察	109	施工图审图机构
103	工程设计	110	质量检测机构
104	工程监理	111	物业服务
105	招标代理	112	房地产估价
106	房地产开发	113	规划编制
107	园林绿化	114	造价咨询
115	项目管理		

A.0.2 隶属关系

表 A.0.2 隶属关系

代码	隶属关系	代码	隶属关系
1	中央在川企业	4	省外企业
2	省直属企业	5	省国资委
3	属地管理企业	9	其他

A.0.3 经济性质

表 A.0.3 经济性质

序号	编码	工商登记类型
1	100	内资企业
2	110	国有企业
3	120	集体企业
4	130	股份合作企业
5	140	联营企业
6	141	国有联营企业
7	142	集体联营企业
8	143	国有与集体联营企业
9	149	其他联营企业
10	150	有限责任公司
11	151	国有独资公司
12	159	其他有限责任公司
13	160	股份有限公司
14	170	私营企业
15	171	私营独资企业
16	172	私营合伙企业
17	173	私营有限责任公司
18	174	私营股份有限公司
19	190	其他企业
20	200	港、澳、台商投资企业
21	210	合资经营企业（港或澳、台资）
22	220	合作经营企业（港或澳、台资）
23	230	港、澳、台商独资经营企业

序号	编码	工商登记类型
24	240	港、澳、台商投资股份有限公司
25	290	其他港、澳、台商投资企业
26	300	外商投资企业
27	310	中外合资经营企业
28	320	中外合作经营企业
29	330	外资企业
30	340	外商投资股份有限公司
31	390	其他外商投资企业
32	810	军队单位
33	910	党政机关
34	920	事业单位
35	930	行业协会
35	990	其他(指个人)

A.0.4 人员类别

表 A.0.4 人员类别

代码	人员类别	代码	人员类别
1	企业法人	7	工程技术人员
2	企业总经理	8	经济管理人员
3	财务负责人	9	注册执业人员
4	经营负责人	10	非注册人员
5	技术负责人	99	其他
6	统计负责人		

A. 0. 5　证书类型

表 A.5　证书类型

代码	证书类型	代码	证书类型
1	资质证书	9	其他
2	安全生产许可证		

A. 0. 6　证件类型

表 A.0.6　证件类型

代码	证件类型	代码	证件类型
1	居民身份证	15	外交官证
2	军官证	16	领事馆证
3	武警警官证	17	海员证
4	士兵证	18	香港身份证
5	军队离退休干部证	19	台湾身份证
6	残疾人证	20	澳门身份证
7	残疾军人证（1-8级）	21	外国人身份证件
8	护照	22	高校毕业生自主创业证
9	港澳同胞回乡证	23	就业失业登记证
10	港澳居民来往内地通行证	24	台胞证
11	中华人民共和国往来港澳通行证	25	退休证
12	台湾居民来往大陆通行证	26	离休证
13	大陆居民往来台湾通行证	99	其他证件

A. 0. 7 职称类型及等级

表 A.0.7-1 职称类别

序 号	编 码	类 别
1	10	工程技术类
2	20	经济管理类
3	90	其他

表 A.0.7-2 职称专业

序 号	编 码	专 业
1	1001	建设专业
2	1002	建筑专业
3	1003	规划专业
4	1004	机械专业
5	1005	纺织专业
6	1006	轻工专业
7	1007	冶金专业
8	1008	石油化工专业
9	1009	交通运输专业
10	1010	质量技术监督专业
11	1011	水利专业
12	1012	水产专业
13	1013	林业专业
14	1014	环境保护专业
15	1015	广播电影电视
16	1016	工程专业

序　号	编　码	专　业
17	1017	电子信息专业
18	1018	煤炭专业
19	1019	水文(工程、环境)
20	1020	地质专业
21	1021	探矿专业
22	1022	物化探与遥感专业
23	1023	地质实验测试
24	1024	(选矿)专业
25	1025	测绘专业
26	1026	采矿专业
27	1027	土地专业
28	1028	岩土工程专业
29	1029	机电专业
30	1030	有色金属
31	1031	化工专业
32	1032	食品专业
33	1033	制药专业
34	1034	饲料专业
35	1035	电力专业
36	1036	电气专业
37	1037	电器专业
38	1038	邮电通讯专业
39	1099	其他

序　号	编　码	专　业
40	2001	国际商务专业
41	2002	经济专业
42	2003	会计专业
43	2004	统计专业
44	2005	审计专业
45	2006	金融专业
46	2007	保险专业
47	2008	税务专业
48	2099	其他

表 A.0.7-3　职称等级码表

编码	正高级名称	编码	副高级名称	编码	中级名称	编码	初（助理）级	编码	初（员）级
100101	研究员级高级工程师	100102	高级工程师	100103	工程师	100104	助理工程师	100105	技术员
100201	研究员级高级建筑师	100202	高级工程师	100203	建筑师	100204	助理建筑师	100205	技术员
100301	研究员级高级城市规划师	100302	高级建筑师	100303	城市规划师	100304	助理城市规划师	100305	技术员
100401	研究员级高级工程师	100402	高级城市规划师	100403	工程师	100404	助理工程师	100405	技术员
100501	研究员级高级工程师	100502	高级工程师	100503	工程师	100504	助理工程师	100505	技术员
100601	研究员级高级工程师	100602	高级工程师	100603	工程师	100604	助理工程师	100605	技术员
100701	研究员级高级工程师	100702	高级工程师	100703	工程师	100704	助理工程师	100705	技术员
100801	研究员级高级工程师	100802	高级工程师	100803	工程师	100804	助理工程师	100805	技术员
100901	研究员级高级工程师	100902	高级工程师	100903	工程师	100904	助理工程师	100905	技术员
101001	研究员级高级工程师	101002	高级工程师	101003	工程师	101004	助理工程师	101005	技术员
101101	研究员级高级工程师	101102	高级工程师	101103	工程师	101104	助理工程师	101105	技术员

续表 A.0.7-3

编码	正高级名称	编码	副高级名称	编码	中级名称	编码	初(助理)级	编码	初(员)级
101201	研究员级高级工程师	101202	高级工程师	101203	工程师	101204	助理工程师	101205	技术员
101301	研究员级高级工程师	101302	高级工程师	101303	工程师	101304	助理工程师	101305	技术员
101401	研究员级高级工程师	101402	高级工程师	101403	工程师	101404	助理工程师	101405	技术员
101501	研究员级高级工程师	101502	高级工程师	101503	工程师	101504	助理工程师	101505	技术员
101601	研究员级高级工程师	101602	高级工程师	101603	工程师	101604	助理工程师	101605	技术员
101701	研究员级高级工程师	101702	高级工程师	101703	工程师	101704	助理工程师	101705	技术员
101801	研究员级高级工程师	101802	高级工程师	101803	工程师	101804	助理工程师	101805	技术员
101901	研究员级高级工程师	101902	高级工程师	101903	工程师	101904	助理工程师	101905	技术员
102001	研究员级高级工程师	102002	高级工程师	102003	工程师	102004	助理工程师	102005	技术员
102101	研究员级高级工程师	102102	高级工程师	102103	工程师	102104	助理工程师	102105	技术员
102201	研究员级高级工程师	102202	高级工程师	102203	工程师	102204	助理工程师	102205	技术员
102301	研究员级高级工程师	102302	高级工程师	102303	工程师	102304	助理工程师	102305	技术员
102401	研究员级高级工程师	102402	高级工程师	102403	工程师	102404	助理工程师	102405	技术员

编码	正高级名称	编码	副高级名称	编码	中级名称	编码	初(助理)级名称	编码	初(员)级名称
102501	研究员级高级工程师	102502	高级工程师	102503	工程师	102504	助理工程师	102505	技术员
102601	研究员级高级工程师	102602	高级工程师	102603	工程师	102604	助理工程师	102605	技术员
102701	研究员级高级工程师	102702	高级工程师	102703	工程师	102704	助理工程师	102705	技术员
102801	研究员级高级工程师	102802	高级工程师	102803	工程师	102804	助理工程师	102805	技术员
102901	研究员级高级工程师	102902	高级工程师	102903	工程师	102904	助理工程师	102905	技术员
103001	研究员级高级工程师	103002	高级工程师	103003	工程师	103004	助理工程师	103005	技术员
103101	研究员级高级工程师	103102	高级工程师	103103	工程师	103104	助理工程师	103105	技术员
103201	研究员级高级工程师	103202	高级工程师	103203	工程师	103204	助理工程师	103205	技术员
103301	研究员级高级工程师	103302	高级工程师	103303	工程师	103304	助理工程师	103305	技术员
103401	研究员级高级工程师	103402	高级工程师	103403	工程师	103404	助理工程师	103405	技术员
103501	研究员级高级工程师	103502	高级工程师	103503	工程师	103504	助理工程师	103505	技术员
103601	研究员级高级工程师	103602	高级工程师	103603	工程师	103604	助理工程师	103605	技术员
103701	研究员级高级工程师	103702	高级工程师	103703	工程师	103704	助理工程师	103705	技术员
103801	研究员级高级工程师	103802	高级工程师	103803	工程师	103804	助理工程师	103805	技术员

编码	正高级名称	编码	副高级名称	编码	中级名称	编码	初(助理)级	编码	初级(员)级
		200102	高级国际商务师	200103	国际商务师	200104	助理国际商务师	200105	外销员
200201	研究员级高级经济师	200202	高级经济师	200203	经济师	200204	助理经济师	200205	经济员
200301	研究员级高级会计师	200302	高级会计师	200303	会计师	200304	助理会计师	200305	会计员
		200402	高级统计师	200403	统计师	200404	助理统计师	200405	统计员
		200502	高级审计师	200503	审计师	200504	助理审计师	200505	审计员
		200602	高级分析师	200603	分析师				
		200702	高级核保师	200703	核保师				
		200802	高级理赔师	200803	理赔师				
		200902	注册税务师	200903	税务师				

A.0.8 出资方类型

表 A.0.8 出资方类型

代码	出资方类型	代码	出资方类型
1	个人	9	其他
2	企业		

A.0.9 奖项类别

表 A.0.9-1 奖项级别

序　号	编　码	级　　别
1	10	国家级
2	20	省级
3	30	市（州）级

表 A.0.9-2 奖项类型

序　号	编　码	类　　型
1	1001	鲁班奖
2	1002	詹天佑奖
3	1003	国家级工法
4	1004	国家优质工程
5	1005	优秀企业
6	1006	科技进步奖
7	1007	华夏奖
8	1099	其他奖
9	2001	天府杯

表 A.0.9-2 奖项类型

序 号	编 码	类 型
10	2002	省结构优质工程奖
11	2003	省级工法
12	2004	省行业先进企业奖
13	2005	省级科技奖
14	2006	省级标准化工地
15	2007	省级其他奖项
16	2099	其他奖
17	3001	市级工程质量奖
18	3002	市级标准化工地
19	3003	市级科技奖
20	3099	其他奖

A.0.10 工程类别

表 A.0.10 工程类别

代码	工程类别	代码	工程类别
1	房屋建筑工程	9	公路工程
2	冶炼工程	10	港口与航道工程
3	矿山工程	11	航天航空工程
4	化工石油工程	12	通信工程
5	水利水电工程	13	市政基础设施工程
6	电力工程	14	机电安装工程
7	农林工程	99	其他
8	铁路工程		

A.0.11 承包方式

表 A.0.11 承包方式

代　码	承　包　方　式
1	施工承包
2	施工一体化承包
3	各类特许经营和融资项目管理与承包
99	其他

附录 B 数据交换接口

B.0.1 数据下载

四川省工程建设从业企业资源信息基础数据交换，宜采用数据交换平台接入方式，详见图 B.0.1。

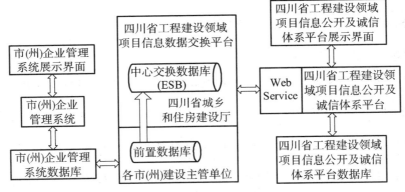

图 B.0.1 数据交换平台

四川省工程建设领域项目信息数据交换平台集成了传统中间件技术、XML 技术和 Web 服务技术等，提供了网络中最基本的连接中枢，提供了事件驱动和文档导向的处理模式，以及分布式的运行管理机制，提供了一系列的标准接口，具备复杂数据的传输功能，并支持基于内容的路由和过滤。

四川省工程建设领域项目信息公开及诚信体系平台的数据经过处理后自动迁移到中心交换数据库。市（州）建设主管部门采用 Web Service 的方式从中心交换数据库中获取数据包链接地址，具体操作步骤如下：

（1）市（州）建设主管部门通过数据交换平台验证身份；

（2）身份验证成功后，数据交换平台自动将该市（州）相关数据打包；

（3）数据交换平台向市（州）用户提供数据包下载地址和下载密码。

B. 0. 2　接口地址

数据下载接口地址：

http：//地址：端口/jstjkwebservice/JSTJKWebServices.asmx

B. 0. 3　接口定义

以.Net 对象形式返回某查询用户可查询数据源方法：

DataTable GetJBInfo(string *Username*, string *Password*, out string *rn*)

UserName	数据源查询用户名，不可为空
Password	数据源查询密码，不可为空
rn	输出变量，OK 表示成功

返回值：返回该用户能查看的所有数据源。

以.Net 对象形式返回查询用户指定查询数据源的数据：

DataTable GetTABLE(string *Username*, string *Password*, string *where*, string *lx*,string *DataSrcName*, out string *rn*)

UserName	数据源查询用户名，不可为空
Password	数据源查询密码，不可为空
Where	查询条件，可为空，格式：字段名='值'
Lx	数据库类型，1 表示 Oracle，0 表示 SQLSERVER，不可为空
DataSrcName	数据源名称，不可为空
rn	输出变量，OK 表示成功

返回值：返回某数据源的所有数据，如果 Where 条件不为空，根据 Where 条件返回查询结果。

以 XML 形式返回某查询用户可查询数据源方法：

String GetDataSrcForXml(string *Username*, string *Password*, out string *rn*)

UserName	数据源查询用户名，不可为空
Password	数据源查询密码，不可为空
rn	输出变量，OK 表示成功

返回值：返回该用户能查看的所有数据源，返回的是 XML 数据。

以 XML 形式返回查询用户指定查询数据源的数据：

String GetTableForXml(string *Username*, string *Password*, string *where*, string *lx*,string *DataSrcName*, out string *rn*)

UserName	数据源查询用户名，不可为空
Password	数据源查询密码，不可为空
Where	查询条件，可为空，格式：字段名='值'

Lx	数据库类型，1 表示 Oracle，0 表示 SQLSERVER，不可为空
DataSrcName	数据源名称，不可为空
rn	输出变量，OK 表示成功

返回值：返回某数据源的所有数据，返回的是 XML 数据。如果 Where 条件不为空，根据 Where 条件返回查询结果。

本标准用词说明

1 为便于在执行本标准条文时区别对待，对要求严格程度不同的用词说明如下：

    1）表示严格，非这样做不可的：

        正面词采用"必须"，反面词采用"严禁"；

    2）表示严格，在正常情况下均应这样做的：

        正面词采用"应"，反面词采用"不应"或"不得"；

    3）表示允许稍有选择，在条件许可时首先应该这样做的：

        正面词采用"宜"，反面词采用"不宜"；

    4）表示有选择，在一定条件下可以这样做的，采用"可"。

2 条文中指明必须按其他标准、规范执行的写法为"应按……执行"或"应符合……的规定"。

引用标准目录

1 《建筑业施工企业管理基础数据标准》

2 《全国建筑市场监督管理信息系统数据标准》（试行）

3 《全国建筑市场监督管理信息系统数据字典》（试行）

4 《房地产企业及执（从）业人员信用档案系统数据标准（试行）》

5 《建筑业企业资质等级标准》

6 《中华人民共和国职业分类大典》

7 《职业分类与代码》（GB 6565）

8 《全国组织机构代码编制规则》（GB 11714）

9 《全国县及县以上行政区划代码表》（GB T 2260）

10 《建设工程分类标准》（GB/T 50841）

四川省工程建设地方标准

四川省工程建设从业企业
资源信息数据标准

DBJ51/T 020－2013

条 文 说 明

目　次

1 总 则

1.0.1 随着国家和住房城乡建设信息化的快速推进，住房城乡建设事业的迅猛发展，行业信息资源的开发利用迫切需要统一的数据标准，以提高数据的规范化程度，构筑数据共享的基础，实现多元信息的集成整合与深度开发。本标准的编制目的，是实现四川省工程建设从业企业资源的标准化和规范化。

2 术 语

2.0.4 数据元定义的有关规定含义如下：

1 描述的确定性指编写定义时，要阐述其概念是什么，而不是仅阐述其概念不是什么。因为，仅阐述其概念不是什么并不能对概念作出唯一的定义。

2 用描述性的短语或句子阐述是指用短语来形成包含概念基本特性的准确定义。不能简单地陈述一个或几个同义词，也不以不同的顺序简单地重复这些名称词。

3 缩略语通常受到特定环境的限制，环境不同，同一缩写也许会引起误解或混淆。因此，在特定语境下使用缩略语不能保证人们普遍理解和一致认同时，为了避免词义不清，应使用全称。

4 表述中不应加入不同的数据元定义或引用下层概念，是指在主要数据元定义中不应出现次要的数据元定义。

2.0.11 数据元值域是指允许值集合中的一个值，是值域中的一个元素。值域可分为两种方式：非穷举域和穷举域。

1 非穷举域

比如数据元"项目投资规模"的值域是一个数字型表达的有效值集。这是一个非穷举域的集合。例如：2008559.90、2990335.54、6342123.52、……

2 穷举域

如国籍代码这个数据元中，值域为《世界各国和地区名称代码》GB/T2659—1994,其中穷举域为"中国、巴西、美国……",在此，每个数据值可以有一个他们唯一的代码（如：CHN代表中国、BRA代表巴西、USA代表美国……）。这种代码的用处在于为与数据实例相关的名称在各种语言系统和不同系统之间交换提供可能。

3 数据元组成

3.0.1 本标准数据元描述方法依据现行国家标准《信息技术 数据元的规范与标准化》GB/T 18391 确定。《信息技术 数据元的规范与标准化》规定数据元的基本属性中，本标准采用其中的 5 个，即标识符、中文名、类型、值域、描述等属性内容。数据元属性描述的选择，应根据实际需要进行，数据元标识符、中文名、类型为必选属性描述，值域、描述为备选属性描述，只有在需要时才对数据元的值域、描述属性赋值。

3.0.2 保持唯一性是指任意两个数据元之间，不能有相同的标识符、名称和定义。

5 数据元描述

5.0.1 数据元标识符由分类代码和数据元在该分类中的编号共 6 位数字代码组成，以保证数据元标识符的唯一性。编号统一规定为 4 位数字码，一是为了保持数据元标识符长度的一致；二是考虑了发展的需要，为今后可能增加的数据元预留一部分编号空间。编号从 0001 开始递增可使数据元标识符的编码具有一定的规律性，可充分利用编号空间且避免出现重号。